Bibliografische Information der Deutschen Nationalbibliothek:

Die Deutsche Bibliothek verzeichnet diese Publikation in der Deutschen National-
bibliografie; detaillierte bibliografische Daten sind im Internet über http://dnb.d-
nb.de/ abrufbar.

Impressum:

Copyright © 2014 GRIN Verlag, Open Publishing GmbH
Druck und Bindung: Books on Demand GmbH, Norderstedt Germany
ISBN: 978-3-668-10332-0

Dieses Buch bei GRIN:

http://www.grin.com/de/e-book/311485/cloud-computing-als-steueroase

Anonym

Cloud Computing als Steueroase?

GRIN Verlag

GRIN - Your knowledge has value

Der GRIN Verlag publiziert seit 1998 wissenschaftliche Arbeiten von Studenten, Hochschullehrern und anderen Akademikern als eBook und gedrucktes Buch. Die Verlagswebsite www.grin.com ist die ideale Plattform zur Veröffentlichung von Hausarbeiten, Abschlussarbeiten, wissenschaftlichen Aufsätzen, Dissertationen und Fachbüchern.

Besuchen Sie uns im Internet:

http://www.grin.com/

http://www.facebook.com/grincom

http://www.twitter.com/grin_com

Universität Augsburg
Juristische Fakultät

SEMINAR ZU CLOUD-COMPUTING: ANFORDERUNGEN AUS SICHT DES INTERNATIONALEN STEUERRECHTS

Wintersemester 2013/14
7. Fachsemester

I

Inhaltsverzeichnis

II

Literaturverzeichnis

Der Einfluss Von Cloud Computing Auf It-dienstleister. Eine Fallstudienbasierte Untersuchung Kritischer Einflussgroven (2012): Gabler.

Software business. from physical products to software services and (2013). [S.l.]: Springer-Verlag Berlin An.

Bächle, Ekkehard; Knies, Jörg; Ott, Johann-Paul; Rupp, Thomas (2010): Internationales Steuerrecht. 2. Aufl. Stuttgart: Schäffer-Poeschel (Grundkurs des Steuerrechts, 17).

Brähler, Gernot (2010): Internationales Steuerrecht. Grundlagen für Studium und Steuerberaterprüfung. 6. Aufl. Wiesbaden: Gabler (Lehrbuch).

Bräutigam, Peter (Hg.) (2013, 2013): IT-Outsourcing und Cloud-Computing. Eine Darstellung aus rechtlicher, technischer, wirtschaftlicher und vertraglicher Sicht. 3. Aufl. Berlin: Schmidt.

Cloer, Adrian; Lavrelashvili, Nina (2008): Einführung in das europäische Steuerrecht. Mit den 50 wichtigsten Fällen zu den direkten Steuern. Berlin: Schmidt (ESV-basics).

Dommes, Sabine (2009): Internationales Steuerrecht. Innerstaatliches Aussensteuerrecht, Doppelbesteuerungsabkommen, Sonderfragen bei grenzüberschreitenden Steuerfällen. 1. Aufl. Wien: LexisNexis ARD Orac (Orac Steuerskripten : Lernen mit System!).

Fässler, Peter E. (2007): Globalisierung. Ein historisches Kompendium. Köln: Böhlau (Uni-Taschenbücher, 2865).

Grümmer, Dieter; Kierspel, Andreas (2004): Internationales Steuerrecht. 120 praktische Fälle. 4. Aufl. Achim bei Bremen: Fleischer (Steuerseminar, 12).

Haarmann, Wilhelm; Crezelius, Georg (1993): Die beschränkte Steuerpflicht. Aktuelle Schwerpunkte in der Diskussion: Betriebsstätte, grenzüberschreitende Betriebsaufspaltung, Diskriminierung, Treaty-Shopping, Künstler und Sportler, Zinsabschlagsteuer, Verfahrensprobleme. Köln: O. Schmidt (Forum der internationalen Besteuerung, 2).

Heinsen, Oliver; Voß, Oliver (2012): Ertragssteuerliche Aspekte con Cloud Computing. In: *Der Betrieb* 65 (22), S. 1231–1236.

Herzig, Norbert (2008): Handbuch Unternehmensteuerreform 2008. 1. Aufl. Münster: ZAP.

III

Kotlarsky, Julia (2011): New studies in global IT and business service outsourcing. 5th Global Sourcing Workshop 2011, Courchevel, France, March 14-17, 2011 ; revised selected papers. Berlin ;Heidelberg [u.a.]: Springer (Lecture notes in business information processing, 91).

Kotlarsky, Julia (2012): The dynamics of global sourcing. Perspectices and practices ; 6th Global Sourcing Workshop 2012, Courchevel, France, March 12-15, 2012 ; revised selected papers. Heidelberg u.a: Springer (Lecture notes in business information processing, 130).

Lang, Joachim; Seer, Roman; Tipke, Klaus (2013): Steuerrecht. 21. Aufl. Köln: Schmidt.

Laudon, Kenneth C.; Laudon, Jane P.; Schoder, Detlef (2011): Wirtschaftsinformatik. Eine Einführung. 2. Aufl. München [u.a.]: Pearson Studium (wi - wirtschaft).

Lornsen, Birgitt (1987): Unilaterale Massnahmen der Bundesrepublik Deutschland zur Ausschaltung der internationalen Doppelbesteuerung bei der Einkommen- und Körperschaftsteuer. Frankfurt am Main, New York: P. Lang (Europäische Hochschulschriften. Reihe V, Volks- und Betriebswirtschaft Publications universitaires européennes. Série V, Sciences économiques, gestion d'entreprise European university studies, Series V, Economics and management, 814).

Raad, Cornelis van (2009): Materials on international & EC tax law. 9. Aufl. Leiden: International Tax Center.

Reimar Pinkernel (1999): Ertrag- und umsatzsteuerrechtliche Behandlung des grenzüberschreitenden Softwarevertriebs über das Internet. Hg. v. Verlag Dr. Otto Schmidt. Steuer und Wirtschaft (3). Online verfügbar unter http://www.pinkernell.de/software.htm#N_1_, zuletzt geprüft am 10.12.2013.

Rhoton, John (2010): Cloud computing explained. 2. Aufl. [London?]: Recursive Press.

Schmidt, Lutz; Sigloch, Jochen; Henselmann, Klaus (2005): Internationale Steuerlehre. Steuerplanung bei grenzüberschreitenden Transaktionen. Wiesbaden: Gabler (Lehrbuch).

Stephan Cezanne: Das gespeicherte Weltwissen ist in Gefahr. Internetausfall. Online verfügbar unter http://www.welt.de/wissenschaft/article122575339/Das-gespeicherte-Weltwissen-ist-in-Gefahr.html, zuletzt geprüft am 05.12.2013.

Zenthöfer, Wolfgang; Zur Schulze Wiesche, Dieter (2007): Einkommensteuer. 9. Aufl. Stuttgart: Schäffer-Poeschel (Finanz und Steuern, 3).

IV

Abkürzungsverzeichnis

AO:	Abgabenordnung
allg.:	Allgemein(e)
Art.:	Artikel
ASP:	Application-Service-Provider
AStG:	Außensteuergesetz
AStR:	Außensteuerrecht
BIP:	Bruttoinlandsprodukt
BITKOM:	Bundesverband Informationswirtschaft, Telekommunikation und neue Medien e. V.
bzw.:	Beziehungsweise
DBR:	Doppelbesteuerungsrecht
dt.:	Deutsche
EC2:	Elastic Compute Cloud
e-Commerce:	Elektronik-Commerce
EStG:	Einkommenssteuer
f.:	Folgend
ff.:	Fortfolgend
i.V.m.:	In Verhältnis mit
IaaS:	Infrastruktur-as-a-Service
ISP:	Internet-Service-Provider
IStR:	Internationales Steuerrecht
IT-	Informationstechnik
Jh.:	Jahrhundert
KStG:	Körperschaftsteuer
Lit.:	Literatur
NIST:	National Instituts of Standards and Technology
NStR:	Nationales Steuerrecht
OECD-MA:	Organisation for Economic Co-operation and Development Musterabkommen
PaaS:	Platform-as-a-Service
Q-Verkettung:	Qualifikationsverkettung
SaaS:	Software-as-a-Service
SLA´s :	Service-Level-Agreement
u.:	Und
Var.:	Variante
vs.:	versus
WÜRV:	Wiener Übereinkommen über das Recht der Verträge
www:	World-Wide-Web
z.B.:	Zum Beispiel

V

Übersichtsgliederung

VI

Detailgliederung

VII

VIII

1

Introduction

A.   Cloud-Computing

Das Jahr 1990 schreibt in vielerlei Hinsicht Geschichte. Es ist das Jahr der „Wiedervereinigung Deutschlands[1], der Geburt des „World Wide Web"[2], der Beginn des „Internetzeitalters"[3]und der Beginn der „Dritten Globalisierungsphase"[4]auch bekannt als „Turbokapitalismus"[5].
Dank dem „www" eröffneten sich für IT-Dienstleister neue Vermarktungsmöglichkeiten. Dies ist vor allem in einer Zeit, wo die Dienstleistungsindustrie einer der führenden Wirtschaftsbereiche ist, besonders wichtig.[6]Ohne diese Innovation wäre Outsourcing und speziell Cloud-Computing nicht denkbar gewesen. Kernbestandteil von Cloud-Computing ist das „www".[7]Das „www" ist lediglich die Antwort auf die immer mehr zunehmende Verflechtung.[8]

B.   International Taxlaw

Mit der neuesten Outsourcing-Technologie, und zwar dem Cloud-Computing, erfuhr die Wirtschaft einen weiteren Internationalisierungsschub. Dies führt vor allem im Steuerrecht zu Besteuerungsproblemen, da sich die Outsourcing-Industrie die letzten Jahre deutlich weiterentwickelt hat und sich das nationale und internationale Steuerrecht im e-Commerce Bereich kaum weiterentwickelt hat.[9]Diesen Zustand nutzen Unternehmen, um sich Wettbewerbsvorteile zu sichern. Einige sprechen sogar von einer digitalen Steueroase.[10]
Wirft man einen Blick ins Gesetz, stellt man fest, dass eine Besteuerung nur dann möglich ist, wenn der Steuerpflichtige entweder unbeschränkt (§ 1 I EStG, § 1 I KStG), erweitert unbeschränkt (§ 1 II EStG), auf Antrag unbeschränkt (§ 1 III , § 1a EStG), beschränkt (§ 1 IV i.V.m. § 49 I EStG, § 2, 8 I 1 KStG i.V.m. § 49 I EStG) erweitert beschränkt (§ 2 bis § 5 AStG) steuerpflichtig ist.[11]
Inländische Steuerpflicht liegt vor, wenn inländische Einkünfte nach § 49 I EStG vorliegen. Von der Art der Einkunft hängt der Inlandsbezug ab. Weil diese Problematik aus internationaler Sicht analysiert wird, ist das OECD-MA von der OECD noch mit ins Boot zu holen. Bei der steuerrechtliche Betrachtung wird vornehmlich auf das OECD-MA-2008 bezug genommen.
Es wird zwischen nationalem und internationalem Steuerrecht unterscheiden. In dieser Arbeit wird hauptsächlich auf das Verhältnis zwischen Deutschland und Drittstaaten mit DBA eingegangen.

C.   Obstacles

Einige OECD-MA Normen sind mit dem EStG nicht identisch. Es kann deshalb sein, dass auf nationaler Ebene ein Besteuerungsanspruch vorliegen könnte, aber auf internationaler Ebene nicht. Dadurch entgehen der dt.

---

[1] Fässler 2007, S. 15
[2] Fässler 2007, S. 169
[3] Stephan Cezanne
[4] Fässler 2007, S. 49
[5] Fässler 2007, S. 49
[6] Laudon et al. 2011, S. 9
[7] Software business. from physical products to software services and 2013, S. 113; Kotlarsky 2011, S. 66
[8] Fässler 2007, S. 74 f.
[9] Kotlarsky 2011, S. 201; Schmidt et al. 2005, S. 539
[10] REIMAR PINKERNELL 1999
[11] Zenthöfer und Zur Schulze Wiesche 2007, S. 8–14; Raad 2009, S. xxvi

Finanzverwaltung Unsummen an Steuereinnahmen, die der Staat, betrachtet man die momentane Situation, gut gebrauchen könnte.

Im Verhältnis zwischen Deutschland und Drittenstaaten mit DBA werden vor allem folgende steuerrechtliche Hürden angesprochen:

- Wie sind die Einnahmen aus Cloud-Computing zu qualifizieren?
- Lässt sich bei ausländischen Cloud-Computing-provider eine Betriebsstätte im Inland begründen? Wie sieht es auf internationaler Ebene aus?
- Welche Qualifikationskonflikte ergeben sich auf internationale Ebene?

Bevor auf die steuerrechtlich relevanten Fragen eingegangen wird, wird das Cloud-Computing separat betrachtet.

3

Cloud-Computing vs. International Tax Law - A competition

A. **Cloud-Computing**

I. **Technology**

Coud-Computing ist momentan die jüngste Outsourcing-Technologie auf dem Markt und gleichzeitig eine Antwort auf die zunehmende Bedeutung der Dienstleistungsbranche im Welthandel und dem „Delokalisierungstrend", welcher seit der letzten Phase des 20 Jh. bis heute andauert.[12]Immer mehr Unternehmen wenden dem klassischen Insourcing den Rücken und investieren stattdessen in Outsourcing.[13]Eine Folge der zunehmenden Vernetzung und Virtualisierung von Geschäftsprozessen.[14]

1. **History**

Die Outsourcing-Technologie erfuhr eine Weiterentwicklung im Jahr 2000.[15]Mit dem neuen Geschäftsmodell ASP befand sich die IT-Infrastruktur erstmals komplett im Besitz des Providers.[16]Jedoch konnte ASP keinen Hype im Dienstleistungssektor der IT hervorrufen.[17]

Erst im Jahre 2008 kam der sehnsüchtig erwartete Hype im Dienstleistungssektor der IT-Industrie, jedoch mit einem anderen Geschäftskonzept, und zwar dem Cloud-Computing[18]Amazon war weltweit der erste Cloud-Computing Provider.[19]Bis dato war die IT-Technologie nicht reif genug, sodass Unternehmen kaum Interesse gezeigt hatten.[20]

All dies begann mit einer Vision aus den 60er Jahre. Schon damals sehnte man sich nach „[...]einer allgegenwärtigen Verfügbarkeit von IT[...]".[21]IT sollte wie Wasser und Strom zugänglich sein.

Mit der Einführung des Internets im Jahre 1990 war es nur noch eine Frage der Zeit, bis sich die Vision in Realität umwandeln würde.[22]Bevor es zum Clud-Computing Hype ab dem Jahre 2008 kam, gab es Technologien, die dem Cloud-Computing ähneln und auf diese Fußt. Cloud-Computing ist somit eher als Geschäftskonzept zu betrachten.[23]Hierunter zählen Grid-Computing, ASP und Utility-Computing. Grid-Computing gab es ab 1998, ASP ab dem Jahre 2000 und Utility-Computing ab dem Jahre 2004.[24]

All diese Technologien schafften den Einzug in der Wirtschaft nicht. Fehlendes Geschäftsmodell, fehlende Nachfrage und die unreife Netzwerktechnik verlangsamten den Siegeszug dieser Technologien.[25]

Mit Cloud-Computing änderte sich die Art und Weise wie Service entwickelt, angeboten, erreicht, aufrechterhalten und bezahlt wird.[26]

---

[12] Fässler 2007, S. 156, 163; Der Einfluss Von Cloud Computing Auf It-dienstleister 2012, S. 1
[13] Der Einfluss Von Cloud Computing Auf It-dienstleister 2012, S. 1
[14] Der Einfluss Von Cloud Computing Auf It-dienstleister 2012, S. 1; Bräutigam 2013, 2013, S. 615
[15] Der Einfluss Von Cloud Computing Auf It-dienstleister 2012, S. 1
[16] Der Einfluss Von Cloud Computing Auf It-dienstleister 2012, S. 1
[17] Der Einfluss Von Cloud Computing Auf It-dienstleister 2012, S. 1
[18] Der Einfluss Von Cloud Computing Auf It-dienstleister 2012, S. 2
[19] Rhoton 2010, S. 12
[20] Der Einfluss Von Cloud Computing Auf It-dienstleister 2012, S. 1
[21] Der Einfluss Von Cloud Computing Auf It-dienstleister 2012, S. 34
[22] Der Einfluss Von Cloud Computing Auf It-dienstleister 2012, S. 33 f.
[23] Heinsen und Voß 2012, S. 1231
[24] Der Einfluss Von Cloud Computing Auf It-dienstleister 2012, S. 34 ff.
[25] Der Einfluss Von Cloud Computing Auf It-dienstleister 2012, S. 38, 44
[26] Software business. from physical products to software services and 2013, S. 141

2. Definition vs. Typologie

Als der Begriff Cloud-Computing erstmals auf einer Konferenz im Jahre 2006 den Zugang zur Öffentlichkeit fand, wurde der Begriff einzig und allein dazu verwendet, elektronische Dienstleistungen zu beschreiben.[27]Im Zuge der Jahre wurde der Begriff von Unternehmen regelrecht auseinander genommen.[28]Unternehmen wollten möglichst viele ihrer Dienstleistungsprodukte unter diesem Begriff unterbringen, um sich Vorteile zu sichern. Was eignet sich besser zur Vermarktung eines Produkts, als eine Bezeichnung, die im Jahr 2010 zum „buzzword" wurde?[29]

Bis dato hat Cloud-Computing keine einheitliche Definition. Von den unzähligen Definition, die im Umlauf sind, findet die Definition von NIST vielfache Beachtung.[30]Doch im Rahmen dieser Arbeit wird auf eine Typologisierung ausgewichen. Anhand dieser Typologisierung ist eine Trennung zu anderen elektronischen Dienstleistungen gewährleistet. Die Hauptmerkmale von Cloud-Computing sind:[31]

- Automatisierung:
    o Automatische Skalierbarkeit
    o Self-Management
- Standardisierung:
    o Leistungszugang
    o Vertagsstandards
    o Fixierte SLAs
- Flexibilität:
    o Vertragslaufzeit
    o Bezugsvolumen
    o Ressourcenelastizität

3. Server and Network

Server und Netzwerk sind die wichtigsten Elemente von Cloud-Computing. Dank dem Netzwerk können Anbieter ihre Leistung überall hin transportieren, ohne notwendigerweise ihre eigenen Landesgrenzen verlassen zu müssen. Der Nutzer muss lediglich auf die Homepage des Anbieters gehen und ein entsprechendes Angebot wählen. Erfüllt der Nutzer alle Voraussetzungen, gewährt der Provider dem Nutzer Zugang auf seinem/seine Server, die überall lokalisiert sein können.[32]

4. Outsourcing-Models

Viele sind vom klassischen Insourcing hin zum Outsourcing übergewechselt. Outsourcing kann in vier Kategorien eingeteilt werden, und zwar in „onshore", „nearshore", „offshore" und farshore".[33]Beim „onshore" befinden sich Nutzer und Provider im gleichen Staat.[34]Von „neashore" ist die Rede, wenn sich Provider im Ausland und Nutzer im Inland befindet.[35]Das Ausland muss am Inland angrenzen

---

[27] Der Einfluss Von Cloud Computing Auf It-dienstleister 2012, S. 34
[28] Der Einfluss Von Cloud Computing Auf It-dienstleister 2012, S. 34
[29] Rhoton 2010, S. 7
[30] Heinsen und Voß 2012, S. 1232
[31] Der Einfluss Von Cloud Computing Auf It-dienstleister 2012, S. 64; Rhoton 2010, S. 9 f.
[32] Der Einfluss Von Cloud Computing Auf It-dienstleister 2012, S. 65
[33] Kotlarsky 2011, S. 100
[34] Kotlarsky 2011, S. 100
[35] Kotlarsky 2011, S. 100

5

oder es müssen besondere Beziehungen bestehen.[36]Beim „offshore" und farshore" grenzt das Ausland nicht am Inland an.[37]

II. Business

Dank seiner Automatisierung, Standardisierung und Flexibilität, ist Cloud-Computing die erste elektronische Dienstleitung, die den Einzug in der Wirtschaft wirklich geschafft hat und sich bewiesen hat.[38]Obwohl sich die Weltwirtschaft in einer Krise befand, wuchs Cloud-Computing pro Jahr um 20 %.[39]Selbst BITKOM sieht in Cloud-Computing ein erfolgreiches Geschäftsmodell.[40]

1. General Concept

Cloud-Computing ist wegen seines vorteilhaften Konzepts für Unternehmen und Provider und aufgrund der geänderten Funktion von IT erfolgreich und bekannt geworden.[41]IT hat schon lange die Funktion eines strategischen Partners eingenommen und muss nun anderes gewertet werden.[42]Das haben Provider und Nutzer bereits im Visier.

a. Provider

Ein Unternehmen, der bereits eine eigene IT-Infrastruktur besitzt und kein Outsourcing betreiben möchte, stellt sich die Frage, wie IT-Kosten eingespart bzw. reinholen kann. Dies kann am leichtesten durch Vermarktung der eigenen IT-Überkapazitäten erreicht werden. Mit dieser Zielsetzung hat sich Amazon an die Arbeit gemacht, seine IT-Überkapazität zu vermarkt.[43]Mit Erfolg. Immer mehr Unternehmen investieren in Cloud-Computing, um auch sie daran zu verdienen.

b. Customer

In der heutigen Zeit, steigt die Zahl der "vernetzten Unternehmen"[44]rapide an. Unternehmen haben schon längst die Vorteile gesehen. Durch IT kann Rentabilität und Wettbewerbsfähigkeit deutlich gestärkt werden.[45]
Das Cloud-Computing-Konzept bringt nicht nur Vorteile in Form von Automatisierung, Standardisierung und Flexibilität mit sich.[46]Unternehmen müssen keine eigene II-Infrastruktur aufbauen und sparen dadurch Kosten in jeglicher Form.[47]Sie können sich auf ihre Kerngeschäfte konzentrieren, die Verantwortung auf dem Provider umwälzen und ihre IT-Ressourcen Geschäftsbedingt anpassen.[48]

---

[36] Kotlarsky 2011, S. 100
[37] Kotlarsky 2011, S. 100
[38] Der Einfluss Von Cloud Computing Auf It-dienstleister 2012, S. 64
[39] Rhoton 2010, S. 3
[40] Der Einfluss Von Cloud Computing Auf It-dienstleister 2012, S. 2
[41] Kotlarsky 2012, S. 145
[42] Kotlarsky 2012, S. 145
[43] Rhoton 2010, S. 12
[44] Laudon et al. 2011, S. 11
[45] Laudon et al. 2011, S. 12
[46] Der Einfluss Von Cloud Computing Auf It-dienstleister 2012, S. 64
[47] Rhoton 2010, S. 93 ff.
[48] Rhoton 2010, S. 93 ff.; Kotlarsky 2011, S. 66

6

2. Marketplace and Service

Beim „Cloud-Computing" kann zwischen einem „alten" bzw. „herkömmlichen" und „neuen" Markt unterschieden werden.[49]Grund für die Unterscheidung ist, dass es das Internet erst ab 1990 gibt.[50]Davor konnte eine Dienstleitung nur „on-premise" angeboten werden.[51]Mit dem Internet kann die Leistung nun auch „off-premise" angeboten werden.[52]„On-premise" meint die Leistungserbringung beim Kunden. „Off-premise" hingegen meint die Leistungserbringung beim Provider, die dann über das Netzwerk zum Nutzer transportiert wird.[53]

Beim „off-premise" ist, falls der Cloud-Computing Provider nicht Inhaber des Netzwerkes ist, über dem er seine Leistung zu seinem Kunden transportiert, ein drei Personenverhältnis gegeben.[54]Der Distributor, der ISP und der Nutzer.[55]Grundsätzlich wird es häufig der Fall sein, dass der Cloud-Computing-Provider die Rolle des Distributors einnimmt.

a. Services

Cloud-Computing ist nicht die einzige elektronische Dienstleistung, die angeboten wird.[56]Cloud-Computimg teilt sich den Markt grundsätzlich mit zwei anderen Ausprägungsformen, und zwar dem klassischen IT-Service und dem erweiterten Outsourcing.[57]

Der klassische IT-Service kann „on-premise" (lokal beim Kunden) und „off-premise" (über ein dediziertes Netzwerk) erbracht werden.[58]

Beim erweiterten Outsourcing wird ein Managed und Hosting Services angeboten.[59]Ersteres kann über beide Vertriebskanäle („on- u. off-premise") angeboten werden, während zweites nur „off-premise" über das öffentlich zugängliche Netzwerk angeboten wird.[60]

Wie das erweiterte Outsourcing nutzt auch Cloud-Computing alle Vertriebskanäle, also lokal, über dedizierte und öffentlich zugängliche Netzwerke.[61]Die Basis Formen von Cloud-Computing sind Private-, Hybrid- und Public-Cloud.[62]Über diese Cloud-Kanäle werden die Cloud-Computing typische Geschäftsmodelle angeboten, und zwar IaaS, PaaS und SaaS.[63]

---

[49] Der Einfluss Von Cloud Computing Auf It-dienstleister 2012, S. 65
[50] Fässler 2007, S. 169
[51] Der Einfluss Von Cloud Computing Auf It-dienstleister 2012, S. 65
[52] Der Einfluss Von Cloud Computing Auf It-dienstleister 2012, S. 65
[53] Der Einfluss Von Cloud Computing Auf It-dienstleister 2012, S. 65
[54] Der Einfluss Von Cloud Computing Auf It-dienstleister 2012, S. 42
[55] Der Einfluss Von Cloud Computing Auf It-dienstleister 2012, S. 42
[56] Der Einfluss Von Cloud Computing Auf It-dienstleister 2012, S. 65
[57] Der Einfluss Von Cloud Computing Auf It-dienstleister 2012, S. 65
[58] Der Einfluss Von Cloud Computing Auf It-dienstleister 2012, S. 65 f.
[59] Der Einfluss Von Cloud Computing Auf It-dienstleister 2012, S. 65 f.
[60] Der Einfluss Von Cloud Computing Auf It-dienstleister 2012, S. 65 f.
[61] Der Einfluss Von Cloud Computing Auf It-dienstleister 2012, S. 65 f.
[62] Der Einfluss Von Cloud Computing Auf It-dienstleister 2012, S. 65 f.
[63] Der Einfluss Von Cloud Computing Auf It-dienstleister 2012, S. 66 f.

7

3. Businessmodels and Cloud-Models

a. Businessmodels

IaaS bildet die Basis auf die PaaS und SaaS fußt. PaaS ist gleichzeitig auch die Basis von SaaS.[64]Mit zunehmender Spezifizierung nimmt die Optimierung zu und die Flexibilität ab.[65]SaaS macht den größten Marktanteil aus.[66]Danach kommt IaaS und PaaS.[67]

i. IaaS

Die von Amazon angebotenen Dienste, und zwar „Amazon S3 und EC2" können dieser Kategorie zugeordnet werden.[68]IaaS hat große Ähnlichkeiten mit dem Managed-Hosting-Service.[69]Bei IaaS geht es ausschließlich um die Bereitstellung von Infrastrukturdienste wie:[70]

- Netzwerkleistung,
- Rechenleistung,
- Speicherkapazität usw.

Diese werden zu meist in virtualisierter Form angeboten.[71]Hier dominiert überwiegend beliebige Leistungsskalierung, Abrechnung nach Verbrauch und der Zugang über Netzwerke.[72]

ii. PaaS

Das von Google vertriebene „Google App Engine" kann als PaaS angesehen werden.[73]PaaS hat Ähnlichkeiten mit dem Web-Hosting Service.[74]Über das PaaS werden Plattformen angeboten.[75]

iii. SaaS

Das Unternehmen "Salesforce.com" ist ein Bekannter Vertreter von SaaS.[76]SaaS kann am besten mit dem weiter oben erwähnten ASP-Modell verglichen werden.[77]Wie beim ASP-Modell, stellt die Zurverfügungstellung von Anwendungen im Vordergrund.[78]

---

[64] Rhoton 2010, S. 21
[65] Rhoton 2010, S. 20
[66] Der Einfluss Von Cloud Computing Auf It-dienstleister 2012, S. 83
[67] Der Einfluss Von Cloud Computing Auf It-dienstleister 2012, S. 83
[68] Der Einfluss Von Cloud Computing Auf It-dienstleister 2012, S. 74
[69] Rhoton 2010, S. 21
[70] Der Einfluss Von Cloud Computing Auf It-dienstleister 2012, S. 74; Rhoton 2010, S. 22
[71] Der Einfluss Von Cloud Computing Auf It-dienstleister 2012, S. 74
[72] Der Einfluss Von Cloud Computing Auf It-dienstleister 2012, S. 74; Rhoton 2010, S. 20
[73] Rhoton 2010, S. 19
[74] Rhoton 2010, S. 21
[75] Rhoton 2010, S. 22
[76] Rhoton 2010, S. 19
[77] Rhoton 2010, S. 21
[78] Rhoton 2010, S. 22

b. Cloud-models

Es wurde bereits dargestellt, dass die Providerleistung zwei verschieden Ausprägungsformen hat, und zwar "on-premise" und "off-premise".[79]Alle genannten Businessmodels können auf beide Leistungsplattformen angeboten werden.[80]Dies geschieht grundsätzlich über die drei gängigsten Cloud-Models, und zwar Private-, Public- und Hybrid-Cloud.[81]

i. Private

Eine Private-Cloud kann einem Individuum oder einer bestimmten Nutzergruppe gehören.[82]Dieser/Diese können darüber bestimmten, wer auf die Cloud zugreifen kann.[83]Hier gilt der „One-to-one.Ansatz".[84]Grundsätzlich werden die Angebote über eine Private-Cloud allein „on-premise" über ein lokales Netzwerk betrieben.[85]Der/die Nutzer(-gruppe) kann die Reichweite der Cloud dadurch erweitern. Durch die Erweiterung der Private-Cloud auf dedizierte Netzwerke, wäre auch „off-premise" möglich.[86]Dieses Modell ist sehr beliebt bei den Unternehmen, da bei diesem Modell die Privatsphäre deutlich geschützter ist als bei den anderen Cloud-Modellen.[87]

ii. Public

Werden die Angebote über eine Public-Cloud angeboten, wird allein „off-premise" über das öffentlich zugängliche Netzwerk betrieben.[88]Hier gilt der „One-to-many-Ansatz".[89]Der Provider steht einer Vielzahl von Nutzern gegenüber. Die auf dieser Cloud Angebotenen Dienstleistungen, sind von jedermann zugänglich.[90]Dieses Modell wird vor allem von Start-ups genutzt, die anfangs Kosten sparen müssen und sich keine eigene IT-Infrastruktur leisten können.[91]

iii. Hybrid

Hierbei handelt es sich um eine Verschmelzung von Private- und Public-Cloud.[92]Mit diesem Modell kann eine höhere Flexibilität erreicht werden.[93]Jedoch hat der Nutzer keinen Überblick darüber, wo sich seine Daten befinden.[94]Dieses Modell errichtet ebenso eine Brücke zwischen „on-premise" und „off-premise" wie das Private-Cloud-Modell.[95]Darüber hinaus wird mit diesem Modell das öffentlich zugängliche Netz genutzt.[96]

---

[79] Der Einfluss Von Cloud Computing Auf It-dienstleister 2012, S. 66
[80] Der Einfluss Von Cloud Computing Auf It-dienstleister 2012, S. 66
[81] Der Einfluss Von Cloud Computing Auf It-dienstleister 2012, S. 66
[82] Der Einfluss Von Cloud Computing Auf It-dienstleister 2012, S. 66
[83] Der Einfluss Von Cloud Computing Auf It-dienstleister 2012, S. 66
[84] Der Einfluss Von Cloud Computing Auf It-dienstleister 2012, S. 66
[85] Der Einfluss Von Cloud Computing Auf It-dienstleister 2012, S. 65
[86] Der Einfluss Von Cloud Computing Auf It-dienstleister 2012, S. 65
[87] Software business. from physical products to software services and 2013, S. 141
[88] Der Einfluss Von Cloud Computing Auf It-dienstleister 2012, S. 66
[89] Der Einfluss Von Cloud Computing Auf It-dienstleister 2012, S. 66
[90] Der Einfluss Von Cloud Computing Auf It-dienstleister 2012, S. 67
[91] Software business. from physical products to software services and 2013, S. 142
[92] Der Einfluss Von Cloud Computing Auf It-dienstleister 2012, S. 66
[93] Der Einfluss Von Cloud Computing Auf It-dienstleister 2012, S. 66
[94] Der Einfluss Von Cloud Computing Auf It-dienstleister 2012, S. 66
[95] Der Einfluss Von Cloud Computing Auf It-dienstleister 2012, S. 66
[96] Der Einfluss Von Cloud Computing Auf It-dienstleister 2012, S. 66

9

4. Payment

Es gibt mehrere Wege, Software zu vermarkten.[97]Durch Lizenzverkauf, Vermietung bzw. Flatrate und „pay-per-use" bzw. „pay-as-you-go".[98]Diese Zahlmodalitäten können in nutzungsabhängige und nutzungsunabhängige Modelle eingeteilt werden.[99]

Zu ersteres gehört ausschließlich das „pay-per-use" bzw. „pay-as-you-go" Modell.[100]Dieses Modell entspricht dem klassischen Cloud-Computing-Modell, da es mit der oben erwähnten Vision im Einklang steht, IT-Leistungen wie Wasser und Strom anbieten und abrechnen zu können.[101]Darüber hinaus besteht Einklang mit den Eigenschaften von Cloud-Computing.[102]

Beim nutzungsunabhängigen Modell wird ein Vertrag abgeschlossen, indem der Umfang der Leistung und die Abrechnungszeitpunkte genau vereinbart werden.[103]

[97] Software business. from physical products to software services and 2013, S. 120
[98] Software business. from physical products to software services and 2013, S. 120; Der Einfluss Von Cloud Computing Auf It-dienstleister 2012, S. 42, 80
[99] Der Einfluss Von Cloud Computing Auf It-dienstleister 2012, S. 80
[100] Der Einfluss Von Cloud Computing Auf It-dienstleister 2012, S. 80
[101] Der Einfluss Von Cloud Computing Auf It-dienstleister 2012, S. 34
[102] Der Einfluss Von Cloud Computing Auf It-dienstleister 2012, S. 64
[103] Der Einfluss Von Cloud Computing Auf It-dienstleister 2012, S. 80

B.   International Taxing

I.   General

Das internationale Steuerrecht erlangte mit dem Internet eine völlig neue Praxisrelevanz.[104]Mit dem Internet als Verkaufsplattform stiegen die Fälle internationaler Besteuerung exponentiell an. Zudem bereitet die rasante technische Entwicklung im IT-Sektor dem Gesetzgeber und Rechtsprechung zunehmend Probleme.[105]Mit der zunehmenden Globalisierung, nehmen die Kollisionen mit den Finanzsystemen anderer Staaten zu.[106]

1.   Structure

Das IStR kann in zwei Sparten aufgeteilt werden, und zwar in AStG und DBR.[107]Das AStG kann wiederum in Kollisionsbegründende Normen, wie § 1 I, IV EStG sowie Steuerfluchtnormen, wie z.B. § 1 AStG und das DBR lässt sich in uni- sowie bilateral kollisionslösende Normen einteilen.[108]Im Rahmen dieser Arbeit interessiert vorwiegend das IStR.

2.   Responsibility

Im Grunde sind Staaten weder nach Völkerrecht, nationalem Recht und EG-Recht verpflichtet, eine Doppelbesteuerung zu vermeiden.[109]

Die Pflicht zur Vermeidung von Doppelbesteuerung ergibt sich jedoch aus der internationaler Rücksichtnahme und den wirtschaftlichen Erfordernissen.[110]Die Staaten haben auf das Besteuerungsinteresse des jeweiligen anderen Staats Rücksicht zu nehmen.[111]Zudem ist die Vermeidung der Doppelbesteuerung aus betriebs- und volkswirtschaftlicher Sicht erforderlich.[112]

Eine steuerliche Mehrbelastung würde sich in den Preisen wieder finden und dadurch den Konsum eindämmen.[113]Außerdem ist Doppelbesteuerung für eine exportorientierte   Nation   wie   Deutschland   ein   ernstzunehmendes nis.[114]Doppelbesteuerung hat negative Auswirkungen auf die globale Wirtschaft und somit auf das BIP einer Nation.[115]

3.   Cause of double taxing

DB liegt vor, wenn der Steuerpflichtige in mehreren Staaten für die gleiche Sache Steuern zahlen muss.[116]Es gibt vier mögliche Ursachen für eine DB:

1. Fall: Der Steuerpflichtige wird im Inland als unbeschränkt und im Ausland als beschränkt Steuerpflichtig eingestuft.[117]

2. Fall: Steuerpflichtige wird sowohl im Inland als auch im Ausland als unbeschränkt Steuerpflichtig eingestuft.[118]Dies kann entweder durch den Gebrauch unterschiedlicher Prinzipien erfolgen (Welteinkommensprinzip vs.

---

[104] Bräutigam 2013, 2013, S. 615
[105] Bräutigam 2013, 2013, S. 5
[106] Lornsen 1987, S. 21
[107] Zenthöfer und Zur Schulze Wiesche 2007, S. 1023
[108] Zenthöfer und Zur Schulze Wiesche 2007, S. 1023
[109] Lornsen 1987, S. 28–31
[110] Lornsen 1987, S. 32 ff.
[111] Lornsen 1987, S. 32
[112] Lornsen 1987, S. 34–38; Bächle et al. 2010, S. 5
[113] Lornsen 1987, S. 34
[114] Lornsen 1987, S. 36
[115] Brähler 2010, S. 20
[116] Schmidt et al. 2005, S. 4; Brähler 2010, S. 19
[117] Brähler 2010, S. 19
[118] Brähler 2010, S. 19

11

Territorialitätsprinzip) oder durch den Gebrauch gleicher Prinzipien unter Anwendung unterschiedlicher Voraussetzungen.[119]

3. Fall: Steuerpflichtige wird sowohl im Inland als auch im Ausland als beschränkt Steuerpflichtig eingestuft.[120]

4. Fall: DB kann schließlich auch durch Qualifikationskonflikte herbeigerufen werden.[121]Hier wird derselbe Sachverhalt von den beteiligten Staaten unter verschiedene steuerliche Normen subsumiert.[122]

4. Prevention of double Taxing

Es gibt mehrere Maßnahmen und Methoden, DB zu reduzieren.[123]Reduzierung kann auf nationaler und internationaler Ebene stattfinden.[124]

a. Measures

Auf internationaler Ebene wird dies durch bi- und multilaterale Verträge erreicht.[125]Die DBA´s sind solche bilaterale Verträge.[126]In DBA´s wird in erster Linie geregelt, welcher Staat auf welche Einnahmen verzichtet.[127]

Auf nationaler Ebene geschieht dies durch unilaterale Maßnahmen. Ein Staat verzichtet freiwillig auf sein Besteuerungsrecht. Das AStG ist z.B. eine solche unilaterale Maßnahme. Daneben gibt es noch spezielle Vorschriften im EStG wie z.B. § 34c I EStG.[128]

b. Methods

Es gibt eine Fülle von Methoden, die zur DB-Vermeidung herangezogen werden können. Diese seien hier kurz erwähnt: Zuteilungs-, Freistellungs-, Anrechnungs-, Pauschalierungs-, Erlass-, und Ermäßigungsmethode.[129]

5. Outbound and Inbound

Im IStR wird zwischen Outbound- und Inbound-Fällen unterschieden.[130]Im Outbound-Fall hat der Steuerinländer Auslandseinkünfte und im Inbound-Fall hat der Steuerausländer Inlandseinkünfte.[131]

6. Process

Bei Inbound- und Outbound-Fälle kommt das IStR zur Anwendung. Für solche Sachverhalte wurde ein eigenes Bewertungsverfahren entwickelt, und zwar die „Dreistufentechnik".[132]Zunächst wird der Steuerfall nach dem NStR geprüft.[133]Auf dieser Stufe wird geprüft, ob der Steuerpflichtige inländische Einkünfte nach § 49 EStG hat und somit beschränkt Steuerpflicht ist.[134]Wird dies

---

[119] Brähler 2010, S. 19
[120] Brähler 2010, S. 20
[121] Brähler 2010, S. 20
[122] Brähler 2010, S. 20
[123] Lornsen 1987, S. 46 ff.; Bächle et al. 2010, S. 6 f.
[124] Lornsen 1987, S. 46 ff.
[125] Lornsen 1987, S. 46; Bächle et al. 2010, S. 6
[126] Bächle et al. 2010, S. 6
[127] Bächle et al. 2010, S. 6
[128] Bächle et al. 2010, S. 6
[129] Bächle et al. 2010, S. 15; Brähler 2010, S. 22
[130] Bächle et al. 2010, S. 1
[131] Bächle et al. 2010, S. 1
[132] Dommes 2009, S. 1; Bräutigam 2013, 2013, S. 653
[133] Dommes 2009, S. 1
[134] Dommes 2009, S. 1

verneint, ist der Steuerfall aus dt. Sicht erledigt.[135]Wird die beschränkte Steuerpflicht bejaht, ist der Steuerfall nach IStR zu prüfen.[136]Kommt es zum Ergebnis, dass Deutschland den Steuerfall besteuern kann, ist in einem dritten Schritt die tatsächliche Form der Steuererhebung zu prüfen.[137]

II.   Cloud-Computing - Taxing

1.   Income qualification conflicts

a.   Reason

Bevor näher auf die Betriebsstättenproblematik bei Cloud-Computing Provider eingegangen wird, ist zunächst festzustellen, ob es überhaupt zu einer solchen Problematik kommen würde. Grund ist, dass die Einkünfte aus Gewerbebetrieb gem. § 49 I Nr.2 a EStG mit den anderen Einkunftsarten konkurrieren.[138]

b.   Analysis

Zunächst wird festgestellt, welche Einkunftsarten in Betracht kommen könnten, ehe in einem zweiten Schritt die Einkunftsarten gegenübergestellt werden, um so sich für die zutreffendste Einkunftsart zu entscheiden.

i.   Possible income

Im Inbound-Fall kommen Einkünfte aus Gewerbebetrieb nach § 49 I Nr.2 a EStG und § 49 I Nr.6 EStG, Einkünfte aus Vermietung Verpachtung nach § 49 I Nr.6 EStG und sonstige Einkünfte nach § 49 I Nr.9 EStG.[139]

ii.   Assessment

1)   Einkünfte aus Vermietung und Verpachtung

Wie oben dargestellt wurde, wird unter IT-Outsourcing im heutigen Verständnis, vor allem beim Cloud-Computing, keine bloße Sachüberlassung oder Rechtsnutzung verstanden, die dann zu Einkünften aus Vermietung und Verpachtung führen würde.[140]Mit Cloud-Computing möchte man IT-Leistung, wie Wasser und Strom anbieten. IT-Outsourcing umfasst eine „[…]Vielzahl von Leistungen[…]", die gemeinsam betrachtet zu Einkünften aus Gewerbebetrieb führen können.[141]

Der „Satellitenurteil" des BFH´s hat zu dieser Problematik ähnlich entschieden, wobei es hierbei um Satellitenleistungen ging.[142]Der BFH hat festgestellt, „[…]dass der Gegenstand der Leistungsbeziehung nicht auf die Vermietung eines Gegenstandes sondern auf einen Erfolg[…]gerichtet ist.[143]

2)   Sonstige Einkünfte

Sonstige Einkünfte gem. § 49 I Nr.9 EStG sind subsidiär zu den anderen Einkunftsarten, sodass eine Prüfung erforderlich ist, wenn keine andere Einkunftsart in betracht kommt.[144]

---

[135] Dommes 2009, S. 1
[136] Dommes 2009, S. 1
[137] Dommes 2009, S. 1
[138] Bräutigam 2013, 2013, S. 654
[139] Bräutigam 2013, 2013, S. 654
[140] Bräutigam 2013, 2013, S. 654
[141] Bräutigam 2013, 2013, S. 654
[142] Bräutigam 2013, 2013, S. 655
[143] Bräutigam 2013, 2013, S. 655
[144] Bräutigam 2013, 2013, S. 655

13

3)   **Preview**

Einkünfte aus Vermietung und Verpachtung gem. § 49 I Nr.6 EStG kommen beim Cloud-Computing nicht in betracht. Ob dies auch bei den sonstigen Einkünften nach § 49 I Nr.9 EStG der Fall ist, wird sich noch herausstellen. Im Weiteren wird davon ausgegangen, dass der ausländische IT-Provider Einkünfte aus gewerblicher Tätigkeit erzielt.[145]Maßgebliches Kriterium ist somit das Vorliegen einer Betriebsstätte oder eines inländischen Vertreters (§ 49 I Nr.2 a EStG).[146]Der inländische Vertreter spielt beim Cloud-Computing kaum eine Rolle, sodass auf diesen im weiteren Verlauf nicht eingegangen wird.[147]

2.   **Assessment - Commercial unit**

a.   **General**

Die Betriebsstätte versteht sich im Rampenlicht zu halten.[148]Hält man sich die momentane Entwicklung vor Augen, wird sie es auch in Zukunft bleiben. Vor allem im Bereich des e-Commerce wird über die Betriebsstätte diskutiert.[149]Eine Leistungserbringung setzt heutzutage fast kaum die physische Präsenz eines Unternehmens voraus.[150]Sie kann problemlos von jedem beliebigen Ort geleistet werden.[151]Dies hat unweigerlich zur Folge, dass klassische Anknüpfungspunkte wie z.B. die Betriebsstätte zunehmend an Bedeutung verlieren.[152]

Das Cloud-Computing-Konzept ist hauptsächlich Netzwerkorientiert. Ohne Netz kein Cloud-Computing. Bedeutet zur gleichen Zeit, fehlende Anknüpfungspunkte.

i.   **National vs. International - Commercial unit definition**

Im IStR ist zwischen zwei verschiedenen Betriebsstättenbegriffen zu unterscheiden. Die Betriebsstätte auf nationaler (§ 12 AO) und internationaler (Art. 5 OECD-MA-2008) Ebene. Stellt man die Betriebsstättendefinitionen gegenüber, kommt man zu dem Schluss, dass die dt. Definition deutlich mehr Sachverhalte umfasst, als die internationale Definition.[153]

Dies beginnt schon damit, dass in der internationalen Definition über „eine[…]Geschäftseinrichtung[…]" und in der dt. Definition über „[…]jede[…]Geschäftseinrichtung oder Anlage[…]" die Rede ist. Zudem ist der Katalog des § 12 2 AO umfangreicher, als der Katalog des Art.5 II, III OECD-MA-2008. Auch wenn es sich bei beiden Kataloge, um keine abschließende Aufzählung handelt, da von „[…]insbesondere[…]" die Rede ist.

Schließlich nimmt das IStR im Gegensatz zum NStR eine Einschränkung des Betriebsstättenbegriffs in Art.5 IV, VII OECD-MA-2008 vor.

Bei der Bewertung eines nationalen Sachverhalts, wo die Betriebsstätte eine Rolle spielt, kann es deshalb zu drei verschiedenen Szenarien kommen:

1. Fall: Sowohl auf nationaler als auch auf internationaler Ebene liegt eine Betriebsstätte vor.

[145] Bräutigam 2013, 2013, S. 655
[146] Bräutigam 2013, 2013, S. 655
[147] Bräutigam 2013, 2013, S. 658
[148] Haarmann und Crezelius 1993, S. 29
[149] Bächle et al. 2010, S. 235
[150] Bächle et al. 2010, S. 235
[151] Bächle et al. 2010, S. 235
[152] Schmidt et al. 2005, S. 540
[153] Schmidt et al. 2005, S. 284

2. Fall: Auf nationaler Ebene liegt eine Betriebsstätte vor, aber nicht nach internationalem Recht.

3. Fall: Auf nationaler Ebene liegt keine Betriebsstätte vor, sodass eine Prüfung des internationalen Rechts entfällt.

ii.   **Erosion of the German and international commercial unit principle**

1)   **Germany**

Heute bildet der § 49 I Nr.2 a EStG nur noch den Grundfall zu den gewerblichen Einkünften.[154]Doch es gab eine Zeit, wo Steuerausländer nur dann mit ihren inländischen Einkünften steuerpflichtig waren, wenn eine Betriebsstätte im Inland unterhalten wurde.[155]Schaut man sich den § 49 I Nr.2 EStG genauer, so können heute nun viel mehr Sachverhalte darunter subsumiert werden.

Die Erosion dieses Prinzips geht soweit, als dass sich der BFH in einem Urteil nicht an der Definition in der AO gebunden sah.[156]

2)   **International**

Auch das Betriebsstättenprinzip auf internationaler Ebene sieht sich der Gefahr der Erosion.[157]Bereits jetzt gibt es Sonderregelungen, die vom eigentlichen Prinzip abweichen (z.B. Art. 19 IV OECD-MA).[158]

3)   **Deduction**

Dieses Prinzip ist heute kaum haltbar. Die zunehmende Technisierung und Globalisierung erlauben einen engen Betriebsstättenbegriff nicht.[159]Sogar mit den zahlreichen Ausnahmen, können bei weitem nicht alle Sachverhalte erfasst werden. Es ist ehr wahrscheinlich, dass neue Ausnahmen hinzukommen werden, als dass welche verschwinden würden.

b.   **Income and Federal Tax**

i.   **Inbound**

Damit Steuerausländer im Inland besteuert werden können, müssen Einkünfte aus Gewerbebetrieb i.S.v. § 49 I Nr.2 a Var. 1 EStG vorliegen. Wurde dies bejaht, wird auf IStR Ebene geprüft, ob Deutschland das Besteuerungsrecht beibehält.

1)   **Commercial unit**

Es sind zwei mögliche Szenarien denkbar. Entweder befindet sich der Server, über der die Leistung erbracht wird im Inland oder im Ausland.

2)   **Server - Germany**

a)   **National assessment**

i)   **Requirements**

Der Server des Providers müsste eine Betriebsstätte gem. § 12 AO sein. Gemäß der Definition im § 12 1 AO ist eine Betriebsstätte jede feste Geschäftseinrichtung oder Anlage, die der Tätigkeit eines Unternehmens dient. Zusätzlich muss die Geschäftseinrichtung oder Anlage für eine Gewisse Dauer vom Unternehmen

---

[154] Haarmann und Crezelius 1993, S. 29
[155] Haarmann und Crezelius 1993, S. 29
[156] Haarmann und Crezelius 1993, S. 30
[157] Haarmann und Crezelius 1993, S. 31 f.
[158] Haarmann und Crezelius 1993, S. 31 f.
[159] Haarmann und Crezelius 1993, S. 32

verwendet werden und sie muss sich innerhalb seiner Verfügungsmacht befinden.[160]Dies wird nach einer Dauer von länger als sechs Monaten vermutet.[161]

ii)   **Geschäftseinrichtung oder Anlage**

Es ist fraglich, ob ein Server den Voraussetzungen des § 12 AO entspricht und somit eine Betriebsstätte bejaht werden kann.
Bis auf einem Urteil des FG Schleswig-Holsteins vom 06.09.2001 gibt es kaum Rechtsprechung zu diesem Thema.[162]Es liegt lediglich eine Verfügung von der OFD Karlsruhe vor.[163]In dieser Verfügung wird einem Internetserver keine Betriebsstättenqualität zugeschrieben, weil es sich um eine Serveranlage lediglich um eine vorbereitende Handlung gem. Art. 5 IV OECD-MA handeln sollte.[164]Für eine Bejahung, wäre eine (relativ) intensive Bindung zum Inland erforderlich.[165]
Aber dies ist auf OECD Ebene der Fall.[166]Auf der Ebene des NStR ist es unerheblich, „[…]ob die Betriebsstätte lediglich Hilfstätigkeiten oder Nebentätigkeiten durchführt."[167]Ein großer Teil der Lit. und Finanzverwaltung sieht in einer Serveranlage ebenfalls eine Betriebsstätte gem. § 12 AO.[168]Fehelendes Personal ist steht dem nicht entgegen[169]Zudem hat sich der OFD Karlsruhe nur auf die sog. „offline"-Geschäften bezogen und dabei die „online"-Geschäfte außeracht gelassen.[170]„Offline"-Geschäfte sind Geschäfte, bei denen ein Produkt über das Internet bestellt wird und die Auslieferung postal erfolgt.[171]Cloud-Computing kann zu den „online"-Geschäften eingeordnet werden.[172]

iii)   **Dauerhaftigkeit der Nutzung**

Im NStR liegt Dauerhaftigkeit vor, wenn sich die Nutzung über sechs Monate hinweg erstreckt.[173]

iv)   **Verfügungsmacht**

Verfügungsmacht ist „[…]eine Rechtsposition[…], die dem Nutzer nicht ohne Weiteres entzogen werden kann".[174]Grundsätzlich ist keine alleinige Verfügungsmachte erforderlich.[175]Jedoch wird ein Server von mehreren benutzt, sinkt dessen Leistung deutlich und die Dauer ist als vorübergehend anzusehen.[176]

v)   **Deduction**

Es kann festgehalten werden, dass wenn sich der Server in Deutschland befindet, eine Betriebsstätte bejaht werden kann, sobald alle anderen

---

[160] Bräutigam 2013, 2013, S. 656 f.
[161] Bräutigam 2013, 2013, S. 656
[162] Bräutigam 2013, 2013, S. 656
[163] Bräutigam 2013, 2013, S. 656
[164] Bräutigam 2013, 2013, S. 656
[165] Schmidt et al. 2005, S. 283
[166] Bräutigam 2013, 2013, S. 656
[167] Bräutigam 2013, 2013, S. 656
[168] Bräutigam 2013, 2013, S. 657
[169] Bräutigam 2013, 2013, S. 657
[170] Schmidt et al. 2005, S. 540
[171] Schmidt et al. 2005, S. 540
[172] Schmidt et al. 2005, S. 540
[173] Bräutigam 2013, 2013, S. 656
[174] Bräutigam 2013, 2013, S. 657
[175] Bräutigam 2013, 2013, S. 657
[176] Bräutigam 2013, 2013, S. 657

16

Voraussetzungen vorliegen.[177]Mithin liegen nach NStR inländische Einkünfte i.S.v. Einkünfte aus Gewerbebetrieb gem. § 49 I Nr.2 a Var.1 EStG vor.

b) **International assessment**

Nachdem nun festgestellt wurde, dass nach NStR eine Betriebsstätte vorliegt, ist nun auf der Ebene des IStR zu prüfen, ob auch der Art. 5 I OECD-MA-2008 eine Serveranlage als Betriebsstätte ansieht. Wie oben bereits erwähnt wurde, liegt nach Art. 5 IV OECD-MA-2008 keine Betriebsstätte vor.[178]

Doch das hat sich nun geändert. Auch auf IStR Ebene wird eine Serveranlage als Betriebsstätte angesehen. Nach IStR kann eine Serveranlage als Betriebsstätte herhalten, wenn nur eine der folgenden Voraussetzungen vorliegt:[179]

- Der Server befindet sich für eine „hinreichend lange Zeit an einem bestimmten Ort".
- Mit der Hilfe des Servers werden wesentliche Kernfunktionen des Unternehmens ausgeübt.
- Der Server übt Funktionen aus, die einen wesentlichen Teil der Geschäftstätigkeit des Providers darstellen.

c) **Deduction**

Befindet sich der Server des Providers „[...]für einen längeren Zeitraum[...]" im Inland, liegt nach NStR und IStR eine Betriebsstätte vor.[180]

3) **Server - Abroad**

a) **National assessment**

Bei dieser Fall-Variante bietet der Provider seine Leistung im Inland über Server an, die sich im Ausland befinden. Für die Bejahung einer Betriebsstätte muss jedoch ein Inlandsbezug vorhanden sein.[181]Somit kommen Einkünfte aus Gewerbebetrieb nach § 49 I Nr.2 a Var.1 EStG nicht in Betracht.[182]Möglicherweise könnten sonstige Einkünfte gem. § 49 I Nr.9 EStG vorliegen.[183]Wie oben bereits festgestellt wurde, kommen Einkünfte aus Vermietung und Verpachtung gem. § 49 I Nr.6 EStG nicht in Betracht.

Zwar liegt hier eine gewerbliche Tätigkeit vor, doch zwecks fehlender Betriebsstätte kann keine beschränkte Steuerpflicht begründet werden.[184]Insoweit kann eine Besteuerung nur über die sonstigen Einkünfte gem. § 49 I Nr.9 EStG begründet werden.[185]Aber dies ist nur der Fall, wenn die Leistung des Cloud-Computing Providers als eine Überlassung von Nutzungsrechten darstellt.[186]

Dies ist derzeit noch weitgehend noch nicht aufgedeckt.[187]Das ist im Grund nur nach einer „[...]längerfristige zeitliche Nutzungsmöglichkeit[...]"der Fall. Eine solche Nutzung ist beim Cloud-Computing untypisch.[188]Wie im „Satellitenurteil",

[177] Bräutigam 2013, 2013, S. 657
[178] Bräutigam 2013, 2013, S. 656
[179] Bräutigam 2013, 2013, S. 656 f.
[180] Bräutigam 2013, 2013, S. 657
[181] Bräutigam 2013, 2013, S. 661
[182] Bräutigam 2013, 2013, S. 662
[183] Bräutigam 2013, 2013, S. 661
[184] Bräutigam 2013, 2013, S. 662
[185] Bräutigam 2013, 2013, S. 662
[186] Bräutigam 2013, 2013, S. 677
[187] Bräutigam 2013, 2013, S. 677
[188] Bräutigam 2013, 2013, S. 677

der Schwerpunkt der Leistung beim Clud-Computing ist der durch die Funktionen erzielte Erfolg.[189]

Es liegen also Einkünfte aus Gewerbebetrieb und nicht aus sonstigen Einkünften. Aufgrund fehlenden Inlandsbezugs ist eine Besteuerung in Deutschland nicht möglich.[190]

b)   **International assessment**

Hier findet die gleiche Prüfung statt, wie sie oben bereits durchgeführt wurde.

c)   **Deduction**

Aufgrund des hohen Steuerniveaus und die häufige Rechtänderung in Deutschland, vermeiden ausländische Provider Server auf dt. Boden zu errichten.[191]Durch diese Betriebsstättenvermeidungsstrategie wird keine Steuerumgehung begangen.[192]Der Provider kann frei entscheiden, wo er seine Server aufstellen möchte.[193]Dies kann dem Provider aufgrund ökonomischer Rahmenbedingungen nicht untersagt werden.[194]

Bietet der Cloud-Computing Provider seine Leistung vom Ausland aus, muss er seine erzielten Einnahmen bzw. Gewinn nicht in Deutschland versteuern.

4)   **Deduction**

Es kann festgehalten werden, dass ein Server auf NStR und IStR Ebene als Betriebsstätte eingestuft wird, falls sich der Server im Inland befindet. Befindet sich der Server nicht im Inland, liegt nur nach IStR eine Betriebsstätte vor und Deutschland kann den Provider nicht besteuern. Das Problem kann folglich nur durch die Aufnahme einer weiteren Ausnahme im § 49 I EStG gelöst werden.

---

[189] Bräutigam 2013, 2013, S. 677
[190] Bräutigam 2013, 2013, S. 678
[191] Bräutigam 2013, 2013, S. 657
[192] Bräutigam 2013, 2013, S. 657
[193] Bräutigam 2013, 2013, S. 657
[194] Bräutigam 2013, 2013, S. 657

ii.   **Outbound**

Im Outbound-Fall ist es ähnlich gestellt, wie beim Inbound-Fall, wenn der inländische Provider im Ausland Server errichtet. Würde er seine Cloud-Computing Leitungen fortan über einen eigenen ausländischen Server laufen lassen, muss er die erzielten Einnahmen, auch wenn bei ihm unbeschränkte Steuerplicht vorliegt, im Ausland besteuern. Denn auf der Ebene des IStR kann ein Server eine Betriebsstätte sein. und es ist eine Aufteilung des Gewinns durchgeführt werden.[195]

c.   **Purchase Tax**

Die Leistung von ausländischen Cloud-Computing Provider wird umsatzsteuerrechtlich als eine sonstige Leistung gem. § 3 IX UStG eingestuft.[196]Für Cloud-Computing kämen noch folgende Leistungskategorien in Betracht:
-    Auf elektronischem Weg erbrachte sonstige Leistung, § 3a IV Nr.14 UStG
-    Sonstige Leistungen auf dem Gebiet der Telekommunikation, § 3a IV Nr.12 UStG
-    Überlassung von Informationen einschließlich gewerblicher Verfahren und Erfahrungen, § 3a IV Nr.5 UStG
-    Rechtliche, wirtschaftliche und technische Beratung, § 3a IV Nr.3 UStG

Es würde steuerrechtlich keinen Unterschied machen, für welche dieser Varianten man sich entscheiden würde. da die Rechtsfolge die gleiche ist. Bei allen findet das „Empfängerortsprinzip".[197]Folge ist, dass die Umsatzsteuer vom inländischen Unternehmer einbehalten muss und an den Fiskus abführen.[198]Falls keine Ausschlussumsätze gem. § 15 II UStG eingreifen, kann die gezahlte Umsatzsteuer als Vorsteuer geltend gemacht werden.[199]

3.   **Qualification conflicts**

Zu einem Qualifikationskonflikt kommt es, wie oben bereits erwähnt wurde, wenn derselbe Sachverhalt von den beteiligten Staaten unterschiedlich steuerrechtlich eingestuft wird.[200]Hierzu kann es kommen, wenn Rechtsanwender jeweils eine andere Rechtsauffassung vertreten und anwenden wollen.[201]Es kann deshalb entweder zu einer Doppelbesteuerung oder zu einer Doppelfreistellung kommen.[202]

Zu einer unterschiedlichen Rechtsauffassung kann es auch beim Cloud-Computing kommen und somit zu Qualifikationskonflikten zwischen den beteiligen Staaten. Cloud-Computing gibt es noch nicht so lange und es gibt kaum Rechtsprechung. Es kann deshalb auf allen möglichen Ebenen zu Qualifikationskonflikten kommen.

Am Wahrscheinlichsten ist ein Konflikt in Zusammenhang mit den Serveranlagen denkbar. Auch hier in Deutschland wird noch darüber Diskutiert, welche Serverarten eine Betriebsstätte begründen und welche nicht. Diese Diskussionen finden nicht nur auf dt. Boden statt.

Es folgt nun eine allg. Darstellung zum Thema Qualifikationskonflikte.

---

[195] Schmidt et al. 2005, S. 433
[196] Bräutigam 2013, 2013, S. 657
[197] Bräutigam 2013, 2013, S. 680
[198] Bräutigam 2013, 2013, S. 680
[199] Bräutigam 2013, 2013, S. 680
[200] Brähler 2010, S. 20
[201] Bächle et al. 2010, S. 105
[202] Brähler 2010, S. 116

19

a.　　　**Causes - Examples**

i.　　　**International Theorie vs. National Theorie**

Qualifikationskonflikte können, wenn man die Dreistufentechnik anwendet, auf der ersten und zweiten Prüfungsstufe entstehen:
Das es zu einer unterschiedlichen Bewertung auf der ersten Stufen kommen könnte, ist schlüssig, da auf der ersten Stufe ausschließlich NStR Anwendung findet.
Auf der zweiten Stufe kommt es zu einer unterschiedlichen Bewertung, wenn auf Art. 3 II OECD-MA-2008 Bezug genommen wird. Zur sog. „lex-fori-Klausel" gibt es zwei Theorien, und zwar eine völkerrechtliche und landesrechtliche Theorie.[203]

1)　　　**International Theorie**

Nach dieser Theorie genießt das IStR Anwendungsvorrang, sodass sich folgende Auslegungsreihenfolge ergibt:[204]
-　„Wortlaut und Begriffsdefinition des [OECD-MA-2008]"
-　„Sinn- und Vorschriftenzusammenhang des [OECD-MA-2008]"
-　„Begriffsbestimmungen des innerstaatlichen Rechts"

2)　　　**National Theorie**

Bezogen auf die obige dargestellte Auslegungsreihenfolge, müsste nach dieser Theorie das nationale Recht auf der zweiten Stufe stehen.[205]

3)　　　**Deduction**

Sollte im OECD-MA-2008 eine Definition zu einem Sachverhalt fehlen und würde man die landesrechtliche Theorie vorziehen, käme unmittelbar NStR zur Anwendung.[206]Doch diese Theorie berücksichtigt Art. 31 ff. WÜRV nicht.[207]Dieser sagt aus, dass falls eine Definition im OECD-MA-2008 fehlen sollte, „[...]muss eine Auslegung aus dem Kontext unter Berücksichtigung von Ziel und Zweck vorgenommen werden.[208]Anwendung von NStR stünde im Widerspruch zum IStR.[209]Durch Anwendung der landesrechtlichen Theorie würde es zu Qualifikationskonflikten kommen.[210]
Deshalb ist der völkerrechtlichen Theorie den Vorzug zu geben.[211]Qualifikationskonflikte entstehen also nur auf der ersten Prüfungsstufe.

ii.　　　**Transparenzprinzip vs. Intransparenzprinzip**

Die Besteuerung von Personalgesellschaften erfolgt in Deutschland nach dem Transparenzpinzip.[212]Jedoch wird in manchen anderen Staat das Intransparenzprinzip auf Personengesellschaften angewendet.[213]Das betroffene Unternehmen müsste, falls es zu dieser Konstellation kommt, keine Steuern zahlen.

iii.　　　**Others**

---

[203] Brähler 2010, S. 116
[204] Brähler 2010, S. 116
[205] Brähler 2010, S. 116
[206] Brähler 2010, S. 116
[207] Brähler 2010, S. 116
[208] Brähler 2010, S. 116
[209] Brähler 2010, S. 116
[210] Brähler 2010, S. 116
[211] Brähler 2010, S. 117
[212] Brähler 2010, S. 228
[213] Brähler 2010, S. 228; Herzig 2008

20

Zu Qualifikationskonflikten kann es zudem bei:
- Unterschiedlicher „Qualifikation der Einkunftsklasse"
- Unterschiedlicher „Festlegung von Arbeitsorten"
- Unterschiedlicher „Qualifikation hybrider Finanzierungsformen"
- Unterschiedlicher „Vermögenszuordnung"
- Unterschiedlichen „Bilanzierungsregeln"

kommen.[214]

b.   Problems - Examples

Solche Qualifikationskonflikte sind für den Wettbewerb ein Dorn im Auge.[215]Kommt es zu einer Doppelfreistellung, werden rein nationale Unternehmen benachteiligt, während bei einer Doppelbesteuerung international agierende Unternehmen benachteiligt werden.[216]

i.   White Income

Zu „weißen Einkünften" kann es kommen, wenn ein Sachverhalt auf NStR Ebene anders eingestuft wird, wie auf der IStR Ebene und beide involvierte Staaten jeweils dem anderen Staat das Besteuerungsrecht zuteilen.[217]

ii.   Double-dip-leasing

Hier wird der bilanzierte Leasinggegenstand doppelt abgeschrieben.[218]Hierzu kommt es, wenn beide Vertragspartner (Leasinggeber und Leasingnehmer) bilanzieren dürfen.[219]

c.   Prevention of Qualification conflicts - Examples

i.   Subject-to-tax-Klauseln or Switch-over-Klauseln

Um eine Einmalbesteuerung sicherzustellen, kann auf die „subject-to-tax-Klauseln (Vermeidung doppelter Nichtbesteuerung)" bzw. auf die „switch-over-Klauseln (Wechsel von der Freistellungs- zur Anrechnungsmethode)" zugegriffen werden.[220]

ii.   Qualifikationsverkettung

Dieses Modell wird bspw. bei den Einkünften aus unbeweglichen Vermögen und beim Dividendenbegriff verwendet.[221]Mit dieser Q-Verkettung soll zwischen dem Quellen- und Wohnsitzstaat ein kongruentes Begriffsverständnis geschaffen werden, um das zwischen ihnen vereinbarte DBA zu harmonisieren.[222]Dies wird durch folgende Gesetzesformulierung im Art.6 II OECD-MA-2008 gewährleistet:
„Der Ausdruck „unbewegliches Vermögen" hat die Bedeutung, die ihm nach dem Recht des Vertragsstaates zukommt, in dem das Vermögen liegt."

iii.   Communication

Eine weitere Möglichkeit, um Qualifikationskonflikte zu lösen, wäre das Verständigungsverfahren in Art. 25 OECD-MA-2008.[223]Doch dieses Verfahren

---

[214] Schmidt et al. 2005, S. 322 f.
[215] Brähler 2010, S. 107
[216] Brähler 2010, S. 107
[217] Schmidt et al. 2005, S. 51
[218] Schmidt et al. 2005, S. 51
[219] Schmidt et al. 2005, S. 51
[220] Brähler 2010, S. 107; Schmidt et al. 2005, S. 51
[221] Brähler 2010, S. 147
[222] Brähler 2010, S. 147; Schmidt et al. 2005, S. 51
[223] Schmidt et al. 2005, S. 276

ist nicht verpflichtend und falls sich die Finanzämter in Verbindung setzten, müssen sie sich nicht einigen.[224]

iv.   **Others**

Weitere Maßnahmen könnten sein:
- Klauseln zur „Umqualifizierung"[225]
- „Rückgriff auf das Verständnis des Quellenstaates"[226]

---

[224] Schmidt et al. 2005, S. 276
[225] Schmidt et al. 2005, S. 277
[226] Schmidt et al. 2005, S. 277

22

Conclusion

A.   Cloud-Computing

Cloud-Computing gibt es erst seit 2008, da erst ab 1990 elektronische Dienstleistungen über zwei verschiedene Vertriebskanäle („on- und off-premise") angeboten werden konnten. Beim Cloud-Computing handelt es sich um keine neue Technologie, sondern um ein Konzept, da es auf die vorhergehenden Technologien aufbaut.

Hauptelement von Clud-Computing ist schließlich das Netzwerk. Der Provider übernimmt bei „off-premise" meist die Rolle des Distributors, da das Netzwerk häufig von einer anderen Partei, und zwar dem ISP, zur Verfügung gestellt wird. Es liegt also eine Dreipersonenbeziehung vor.

Momentan bietet Cloud-Computing drei verschiedene Geschäftsmodelle an, und zwar IaaS, PaaS und SaaS. Diese werden über die drei gängigsten Cloud-Models angeboten, und zwar Private-, Hybrid- und Public-Cloud.

Beim   Cloud-Computing   wird   hauptsächlich   das   nutzungsabhängige Abrechnungsmodell eingesetzt, da es mit der Vision und den Eigenschaften von Cloud-Computing am ehesten kongruent ist.

Cloud-Computing ist IT-Outsourcing und wird meist in Form von „nearshore", „offshore" und „farshore" angeboten. „Oneshore" auch, aber nicht so häufig.

B.   International Taxlaw

Aus historischer Sicht, hätte der Gesetzgeber eine derartige Entwicklung vorhersehen können und entsprechend reagieren können, hat es aber unterlassen. Auch jetzt, hat sich aus steuerrechtlicher Sicht nicht viel getan. Dies trifft nicht nur auf Deutschland zu, sondern auf ganz Europa. „Wirtschaftlich befindet man sich in Europa im 21. Jh., steuerrechtlich[...]noch im 19. Jh.!"[227]

Fehlende steuerrechtliche Regelungen machen Cloud-Computing für Provider und Nutzer zusätzlich interessant und investieren umso mehr in Cloud-Computing. Doch es ist nicht zu spät. Große Firmen, können ihre IT-Infrastruktur nicht von heut auf morgen ändern.[228]Dies braucht seine Zeit.[229]

Durch Cloud-Computing erfuhr nicht nur die IT-Branche neuen Aufschwung, sondern auch das IStR. Aber nicht nur das Cloud-Computing führt zu steuerrechtlichen Bewertungsschwierigkeiten. Das gesamte e-Commerce ist hierfür verantwortlich.

C.   Obstacles

Cloud-Computing beschleunigt die Virtualisierung von Geschäftsprozessen, sodass „der räumliche Zusammenhang zwischen den einzelnen Tätigkeiten[...]immer mehr an Bedeutung verliert".[230]Dies macht eine steuerrechtliche Bewertung eines Sachverhalts nicht einfach. Vor allem dann, wenn die beschränkte Steuerpflicht objektive Voraussetzungen enthält.[231]

Bietet ein ausländischer Cloud-Computing-Provider seine Leistung vom Ausland aus, kann keine dt. Besteuerungspflicht begründet werden. Noch immer gibt es fast kaum Rechtsprechung und ausgiebige Lieteratur, die sich speziell mit der Besteuerung von e-Commerce intensiv beschäftigt. Dies hätte schon längst

---

[227] Cloer und Lavrelashvíli 2008, S. 60
[228] Kotlarsky 2012, S. 162; Laudon et al. 2011, S. 12
[229] Kotlarsky 2012, S. 162
[230] Bräutigam 2013, 2013, S. 615
[231] Brähler 2010, S. 75

23

passieren sollen. Doch es ist kein leichtes unterfangen zwei hoch komplexe Themen und sich ständig im Wandel befindlichen Disziplinen.